LA
RÉASSURANCE

ET LA

CESSION DE PORTEFEUILLE

PAR

A. CHESNEAU

DOCTEUR EN DROIT

AVOCAT A LA COUR D'APPEL DE BORDEAUX

LYON

IMPRIMERIE VITTE ET PERRUSSEL

80, rue Condé, 80.

1888

LA RÉASSURANCE

ET LA

CESSION DE PORTEFEUILLE

LYON. — IMPRIMERIE VITTE ET PERRUSSEL, RUE CONDÉ, 3o.

LA RÉASSURANCE

ET LA

CESSION DE PORTEFEUILLE

PAR

A. CHESNEAU

DOCTEUR EN DROIT

AVOCAT A LA COUR D'APPEL DE BORDEAUX

LYON

IMPRIMERIE VITTE ET PERRUSSEL

30, rue Condé, 30.

1888

LA RÉASSURANCE

ET LA

CESSION DE PORTEFEUILLE

I

La réassurance, d'assureur à assureur, est probablement aussi ancienne que le contrat d'assurance lui-même.

On a dit avec raison qu'elle constitue *le mécanisme auxiliaire le plus utile de l'industrie des assureurs.*

Sans le secours de la réassurance, en effet, l'état d'assureur terrestre ou maritime serait la plus dangereuse des spéculations et l'une des professions les plus difficiles, puisque — par sa profession même — l'assureur est perpétuellement placé entre ces deux alternatives également périlleuses :

Ou bien user de prudence et refuser les affaires nouvelles qui lui arrivent, pour ne pas surcharger outre mesure son capital industriel, — mais par là compromettre gravement son crédit aux yeux du public, qui frappera à d'autres portes ;

Ou bien jouer le tout pour le tout : accepter, sans compter, les nouveaux risques qu'on lui propose, — mais alors s'exposer à une catastrophe inévitable, le jour où les sinistres viendront à absorber son capital d'assureur.

Un traité de réassurance permettra d'éviter l'un et l'autre écueil.

Assureur, désirant étendre ma clientèle sans compromettre ma fortune, je m'adresserai à un assureur comme moi, ayant plus de ressources ou moins de risques que moi ; et, moyennant rémunération, mon confrère s'engagera à supporter, soit pour partie, soit même en totalité, les risques couverts par mes polices.

Il assure mon capital contre l'éventualité d'un malheur professionnel, absolument comme j'assure moi-même les biens de mes clients contre les dangers de la mer ou du feu.

*
* *

Dès l'abord, la réassurance apparaît donc comme un acte non seulemeut honnête et licite, mais comme une opération, comme un « *auxiliaire utile* », indispensable à tout assureur sérieux, ayant le souci de ses intérêts propres et des intérêts de sa clientèle, puisque, en assurant sa sécurité personnelle, il accroît du même coup la sécurité de ses assurés.

La loi (qui reproduit sur ce point l'Ordonnance de 1681) autorise la réassurance en matière maritime.

Art. 342 du code de commerce :

« L'assureur peut faire réassurer par d'autres les effets qu'il a assurés.

« La prime de réassurance peut être moindre ou plus forte que celle de l'assurance. »

La pratique n'a pas hésité à l'étendre aux assurances terrestres.

Et l'on peut affirmer que si la loi n'y avait pas pourvu, la nécessité ici eût fait la loi, et la réassurance se serait imposée à la pratique par la force des choses.

D'où vient alors qu'un acte aussi simple, aussi naturel que le contrat de réassurance ait pu devenir un sujet de discussion, presque de polémique, si j'en juge par l'ardeur de quelques-uns à défendre leur opinion sur la matière ?

D'ou vient, surtout, que dans l'inépuisable série des décisions intervenues, juges de paix, magistrats de tribunaux et de cours d'appel tranchent la question en sens divers, souvent même à l'occasion du même contrat !

Cela vient, d'abord, de ce que la réassurance n'est plus pratiquée, de nos jours, avec son primitif esprit de simplicité (j'allais dire de candeur) juridique, telle que nos pères l'avaient comprise, et telle que la concevaient eux-mêmes les auteurs de l'Ordonnance et du code de 1807.

C'est que la réassurance qui, dans le principe, était purement une mesure de prudence et d'administration sage, employée par les compagnies les plus recommandables et les plus prospères, a, depuis quelques années, servi d'expédient à bon nombre de sociétés éphémères, pour masquer un désastre et conjurer la faillite.

C'est, enfin, que, sous couleur de réassurance, on a vu maint spéculateur accaparer, au moyen de *cessions de portefeuilles*, de *fusions* et de *juxtapositions*, les clients d'une compagnie aux abois, trop heureuse de s'esquiver en recevant même, pour prix de cet abandon de clientèle, quelque argent à distribuer à ses actionnaires.

Il y a eu abus de réassurance.

Ou plutôt, sous forme de réassurance, il y a eu un trafic, dans lequel l'assuré — chose vile — est devenu comme une marchandise qu'on colporte et qu'on se transmet.

L'assuré, naturellement, a protesté ; il a plaidé.

Naturellement aussi, et pour bien des cas je dis *heureusement*, la situation de cet assuré transformé en chose vénale a ému le juge.

On a vu quelque chose de malhonnête dans l'opération par laquelle une compagnie, sous prétexte que ses affaires vont mal, s'adresse à telle ou telle compagnie rivale, et, sans consulter ses assurés, les livre en quelque sorte à un tiers assureur qui leur est parfaitement inconnu.

Et, comme « *fraus omnia corrumpit* », on a dit à la victime de la fraude, c'est-à-dire à l'assuré de la compagnie cédante : « Vous êtes libre. Votre contrat primitif est rompu, anéanti. Vous n'avez plus rien de commun avec votre assureur. Adressez-vous, si bon vous semble, à d'autres compagnies. »

Cependant, d'autres tribunaux, moins sensibles aux infortunes de l'assuré, plus scrupuleux surtout des règles de la loi, sont allés au fond des choses. Ils ont analysé l'opération. Et toutes les fois, bien entendu, que rien de suspect ne s'est révélé, ils ont maintenu l'assuré dans les liens du contrat primitif, considérant qu'une compagnie qui cède son portefeuille ne meurt pas par cela même; que cette compagnie est dans la situation d'une société qui *se liquide*, mais qui, en même temps, et pour faciliter sa liquidation, remet la direction de ses affaires à un *mandataire* cumulant, pour les besoins de la liquidation, le rôle de *réassureur*.

*
* *

De là, deux courants bien tranchés d'opinions divisant la jurisprudence :

Les uns confondent la cession de portefeuille avec une *vente* ou une *cession de créance*. Ils en concluent que, vis-à-vis des assurés non adhérants, la compagnie venderesse ou cédante a cessé d'exister comme assureur, et en conséquence ils résilient la police de l'assuré, sur sa demande en justice.

Les autres, assimilant la compagnie cédante à une société en état de liquidation, lui conservent son existence légale jusqu'après la liquidation terminée, et attribuent au traité, qu'on l'ait appelé réassurance ou cession, tous les effets de la réassurance ordinaire.

Dans ce conflit juridique, il y a ceci de remarquable :

C'est que, sur la question des principes, tout le monde paraît d'accord, à de rares exceptions près.

Où le désaccord apparaît, c'est lorsqu'il s'agit d'appliquer les principes à l'espèce, d'adapter le *droit* au *fait*.

D'où, beaucoup de décisions qui, partant d'un exposé de doctrine à peu près uniforme, aboutissent à des conclusions diamétralement opposées.

Ne serait-ce pas par cette raison bien simple que la controverse, en réalité, porte beaucoup plus sur des interprétations de contrats et sur des appréciations de faits, que sur une véritable et sérieuse difficulté de principe ?

C'est ma conviction personnelle. Aussi, en abordant ce sujet, ma prétention n'est-elle nullement de marcher à la découverte de la vérité ; je veux, en toute franchise et sans parti pris, montrer, s'il est possible, aux adversaires de l'un et l'autre camp, que cette vérité, chacun la possède, chacun en est profondément pénétré ; il s'agit seulement de définir cette vérité, de la dégager de certaines formules toutes faites qui trop souvent encombrent les discussions, et, dans ce but, nous allons commencer par poser les définitions et rappeler les principes.

*
* *

Qu'est-ce que la *réassurance?*

Pratiquement et en droit, en quoi diffère-t-elle de la *cession de portefeuille*, et de ses deux variétés qu'en langage usuel on appelle *fusion* et *juxtaposition?* — Tel est le premier point à résoudre.

Puis, quand nous aurons défini et comparé ces opérations, il faudra voir ce que devient la situation juridique de l'assuré dans chaque cas, — quels sont ses droits ou ses devoirs vis-à-vis de son assureur direct.

Cela, nous le verrons, d'abord en appliquant les principes du droit, — ensuite, et ce point ne sera pas le moins intéressant à étudier, en examinant, à la lumière des principes, les plus remarquables solutions de la jurisprudence.

Du rapprochement entre la loi d'un côté et l'opinion de ses interprètes de l'autre, la conclusion pratique se dégagera sans peine.

II

Origine des opérations.

Des quatre modes de traité que nous allons définir, un seul, le traité de *réassurance*, se trouve mentionné dans les textes législatifs (1).

Quant aux *cessions de portefeuille, fusions, juxtapositions*, le législateur semble les ignorer ; jusqu'à présent, que je sache, il ne s'en est occupé nulle part.

Ce silence, au sujet d'opérations juridiques d'un emploi fréquent, s'explique vraisemblablement par l'origine même de ces institutions, par les circonstances économiques particulières qui en ont inspiré l'idée et provoqué l'application.

D'une part, la *réassurance*, opération connue et pratiquée de longue date, contrat classique à l'égal de l'assurance, s'imposait tout naturellement à l'attention du législateur.

De l'autre côté, les *cession de portefeuille, fusion* et *juxtaposition*, mots nouveaux, servant à désigner des pactes nouveaux, dus à l'initiative de quelques praticiens modernes : le législateur n'a pas encore eu le loisir ni surtout l'occasion d'en fixer les éléments dans un texte de loi.

De plus, tandis que la *réassurance*, corollaire et complément de l'industrie d'assurance, constitue un acte normal, une opération usuelle, vitale de l'existence de l'assureur, au contraire, les *cession, fusion, juxtaposition de portefeuilles* ne forment guère que des actes isolés, accidentels, des mesures exceptionnelles qu'un assureur n'emploie d'ordinaire que dans les cas extrêmes, faillite imminente, liquidation de société.

Ces combinaisons, en effet, furent inaugurées au plus fort de la crise économique qui, vers le milieu de ce siècle,

(1) *Code de commerce*, art. 342. — Voyez aussi notamment : *Décret du 22 janvier 1868*, sur la constitution des sociétés d'assurances, art. 6 § 3 — *Loi des 23-25 août 1871, art. 6*, dernier alinéa (*taxe d'enregistrement* sur les polices d'assurance).

a sévi sur l'industrie des assureurs, crise déterminée par la concurrence, et funeste à maintes compagnies nouvelles.

Afin d'attirer les clients, les sociétés de création récente avaient abaissé les tarifs de primes et accepté sans examen toutes sortes de risques. Menacées de perdre leurs assurés, les vieilles compagnies durent suivre l'exemple et accepter la lutte.

Il était clair qu'à cette *guerre des tarifs*, tant de sociétés rivales ne pourraient résister longtemps. Et comme la condition essentielle pour prospérer, dans cette industrie, est d'avoir le plus d'assurés possible réunis sous une commune administration, il fallut, pour couper court au mal et prévenir un désastre, concentrer les affaires, fondre et grouper les clientèles éparpillées, en un mot, diminuer les frais généraux pour chaque centre d'opérations.

L'idée fut réalisée, et la concentration s'opéra au moyen de *fusions* de sociétés, de *cessions* et de *juxtapositions de portefeuilles;* toutes opérations qui, sous des aspects divers, offrent pourtant ce double trait de ressemblance :

En premier lieu, elles permettent à une compagnie d'assurances de se décharger sur une autre du fardeau de ses risques. — A ce point de vue, elles se rapprochent de la *réassurance*.

En second lieu, l'effet commun à ces combinaisons, est que, toujours, l'une des compagnies s'absorbe plus ou moins complétement dans l'autre. — A cet égard elles se séparent nettement de la *réassurance*, dont le trait caractéristique est de laisser intacte la personnalité juridique de chaque assureur.

Bientôt, surgit devant les tribunaux, la question qui nous occupe :

Ces différentes combinaisons sont-elles opposables à l'assuré ?

L'assuré est-il obligé de subir la situation nouvelle ?

N'a-t-il pas, au contraire, le droit de se retirer en obtenant en justice la résiliation de son contrat ?

C'est ordinairement à propos du paiement de la prime d'assurance que la question s'est posée.

Tantôt la prime est réclamée à l'assuré par sa propre compagnie, tantôt la poursuite est dirigée par la compagnie tierce signataire du traité de *cession*, de *fusion* ou de *juxtaposition*.

D'où une double thèse plaidée par les assurés.

A son assureur, l'assuré a répondu :

« Un pacte d'assurance nous liait. Ce pacte engendrait des obligations réciproques : à ma charge, la dette des primes; à votre charge, la dette d'indemnité en cas de sinistre. Chaque dette était la cause l'une de l'autre. Par le traité que vous venez de passer avec une compagnie étrangère les choses ne sont plus entières; vous avez diminué les garanties qui répondaient dans l'avenir de l'exécution de vos engagements d'assureur. Désormais, mon obligation d'assuré, ma dette de primes est sans cause, je ne vous dois plus rien, notre pacte est rompu. »

A la compagnie étrangère, l'assuré a dit :

« Je ne dois rien à un assureur que je ne connais pas. La prime que vous me réclamez a pour corrélatif l'indemnité qui me sera due en cas de sinistre. Cette indemnité, je ne pourrai, le cas échéant, la demander qu'à mon assureur. Donc, lui seul peut me demander la prime. »

La question était délicate. Pour la résoudre, le juge a dû, avant tout, définir, analyser l'opération intervenue entre les compagnies.

III

DÉFINITIONS

A. Réassurance. — Emérigon et tout le monde, après lui, la définit :

Le contrat par lequel un assureur, moyennant une certaine prime qu'il paie, se décharge sur autrui de ses risques d'assurance, mais continue cependant d'être engagé envers ses assurés.

Trois éléments substantiels caractérisent la *réassurance :*

1° Un risque — déjà couvert par un assureur — pris en charge par un tiers, appelé réassureur;

2° Une prime payée au réassureur par le réassuré — prime qui peut être supérieure ou inférieure à celle de l'assurance directe;

3° Maintien intégral des engagements de l'assureur direct envers ses assurés.

Par définition, par essence, la réassurance est donc un acte absolument étranger à l'assuré. Pour lui, cet acte est *res inter alios acta.*

Rien n'est altéré, rien n'est troublé dans les rapports de cet assuré avec son assureur.

Après comme avant, l'assureur reste l'obligé personnel direct de l'assuré en cas de sinistre.

C'est toujours le même assureur qui encaisse les primes ; lui qui renouvelle les polices, dresse les avenants et les contrats nouveaux, règle les indemnités.

En se réassurant, mon assureur fortifie sa solvabilité ; il se donne, à mon insu, un fidéjusseur, une caution à lui-même.

Voilà la réassurance.

La prime de réassurance — dit la loi, qui ne pouvait ici qu'enregistrer un fait — peut être plus ou moins élevée que la prime d'assurance. En pratique, elle est ordinairement *moins élevée*, ce qui s'explique par l'organisation économique, peu compliquée des compagnies de réassurance : ce genre d'opération se traite en général par simple correspondance.

Il s'ensuit que la *réassurance*, indépendamment de la sécurité qu'elle donne à l'assureur, lui procure en même temps un bénéfice pécuniaire, puisqu'il achète la *réassurance* moins cher qu'il ne vend l'assurance.

Il convient cependant d'observer que, depuis la débâcle d'un grand nombre de compagnies de réassurances, les compagnies, aujourd'hui, réassurent *entre elles* le trop plein de leurs risques.

La *réassurance* est partielle ou totale, selon qu'elle porte sur une fraction du portefeuille ou sur l'ensemble de ce portefeuille.

Quand elle est totale, il est très rare qu'elle ne soit pas accompagnée d'une *cession* du *portefeuille* au réassureur.

Voilà pourquoi, dans la langue usuelle, on emploie volontiers, mais abusivement, le mot « *réassurance de portefeuille* » comme équivalent de « *cession de portefeuille* ».

En réalité, ce sont deux opérations différentes, soit par la forme, soit quant au fond.

La distinction, nous le verrons, a été parfaitement posée (peut-être même exagérée) par la jurisprudence.

*
* *

B. Cession de portefeuille. — Ce terme comporte plusieurs sens. — Je laisse de côté, bien entendu, l'acception première de ce mot employé (maintenant encore) pour désigner la transmission par un individu à un autre, à prix d'argent, de la gérance ou direction d'une entreprise d'assurances.

Il s'agit seulement ici de la transmission, par une compagnie à une autre compagnie, des polices d'assurance qui composent l'ensemble du portefeuille de l'assureur.

Cette transmission, ai-je dit, comporte divers degrés.

En fait, on peut concevoir qu'une compagnie, *tout en continuant de vivre et d'agir*, cède, par mesure de prudence et de prévoyante administration, à une tierce compagnie, telle catégorie de ses risques, tel compartiment de son portefeuille, par exemple son portefeuille de l'étranger, celui de la province par opposition à celui de Paris.

On peut encore supposer qu'une société *en état de liquidation* imagine, pour plus d'économie et de sécurité, de réassurer tout son portefeuille à une autre compagnie, et lui cède en même temps son portefeuille, absolument comme elle confierait la direction de ses affaires à un fondé de pouvoirs chargé d'opérer les recouvrements de primes et les règlements de sinistres, en son lieu et place, jusqu'en fin de liquidation.

Envisagée sous ces deux aspects, la *cession de portefeuille* se rapproche sensiblement d'un mandat assorti d'une réassurance. Le réassureur est en outre le mandataire, le gérant du réassuré.

Ne peut-on pas dire qu'ainsi pratiquée la *cession de portefeuille* est indifférente à l'assuré ?

Que m'importe, en somme, à moi assuré, que le double de ma police soit ici ou là, dans les mains de Pierre ou de Paul ?

Que m'importe de payer mes primes à l'un ou à l'autre ?

Ce qui m'importe, c'est de payer contre quittance valable, revêtue de l'acquit de mon assureur.

Ce qui m'intéresse, c'est de savoir qu'un sinistre advenant, mon assureur sera là pour m'indemniser. Le reste m'importe peu.

Il s'agit de voir si ce raisonnement est juste ; si la *cession de portefeuille*, même ainsi pratiquée, est un acte absolument indifférent pour l'assuré.

Mais, par exemple, où l'opération devient scabreuse, inquiétante pour la sécurité de l'assuré, c'est lorsqu'une compagnie, en pleine vie, en pleine activité, sans perspective sérieuse de liquidation, abandonne son portefeuille à une autre compagnie.

Quelque nom qu'on donne à cette opération, le résultat brutal, inévitable est celui-ci :

Mon assureur s'est dessaisi de tout ce qui constituait sa comptabilité, son organisme d'assureur. Il a livré tout cela à une compagnie rivale qui, désormais, va être en contact permanent et direct avec la clientèle de mon assureur. Quelle sera la compagnie assez désintéressée, quels seront les agents d'assurances assez naïfs pour ne pas mettre à profit les facilités d'une telle situation ? Avant d'être cessionnaire de ce portefeuille, voilà une compagnie qui convoitait la clientèle du cédant. Que fera-t-elle à présent qu'elle est nantie des contrats du concurrent d'hier, munie de son carnet de clientèle, et des quittances de primes qui tous les jours vont lui donner accès auprès de chaque assuré ? L'expérience et le bon sens ont déjà répondu.

Donc, la première, l'importante conséquence de la *cession de portefeuille*, c'est de supprimer les relations directes entre l'assureur et sa clientèle, c'est de mettre cette clientèle en rapport immédiat avec un assureur rival.

Telle est la *cession de portefeuille* au point de vue pratique, dans sa réalité même, révélée par les exemples de tous les jours.

Juridiquement, en théorie, on définit la *cession de porte-feuille :* un traité par lequel une compagnie (cédante) abandonne à une autre compagnie (cessionnaire) son actif industriel — son droit aux primes — et se décharge sur cette compagnie de son passif, des obligations d'indemnité en cas de sinistres.

Entre les deux compagnies, c'est un forfait : la cessionnaire accepte, l'un avec l'autre, vaille que vaille, le fardeau des sinistres éventuels et le profit des primes à recouvrer.

Dans ce forfait, qui perd ? qui gagne ?

L'avenir seul l'apprendra.

La compagnie cessionnaire, mieux organisée, plus puissante que la cédante, réussira peut-être là où la cédante avait échoué.

Et toujours, pour la cessionnaire, il y a la perspective d'un accroissement de clientèle, grâce aux défections qui ne manqueront pas de se produire à son profit parmi les assurés de la cédante.

C'est là ce qui explique comment, la plupart du temps, la *cession de portefeuille* est accompagnée d'un prix, en argent ou en actions négociables, versé non pas par la compagnie cédante, mais bien à cette compagnie par la cessionnaire.

Ce prix, quoi qu'on ait pu dire, n'est pas toujours la preuve, il n'est pas nécessairement l'indice d'un trafic du portefeuille cédé, d'une vente de ce portefeuille à la compagnie cessionnaire.

Ce prix, dans bien des cas, représente l'avantage que trouve la compagnie cessionnaire dans cette chance, dans cet *alea* d'accroissement de clientèle. — Il peut représenter encore le bénéfice, évalué à forfait, que la cédante aurait réalisé, si, gardant son portefeuille en main, elle l'eût simplement réassuré. Dans ce cas, nous l'avons dit, l'infériorité de la prime de réassurance sur la prime d'assurance est, pour le réassuré, un profit très certain, très légitime.

Les *cessions de portefeuille*, sous leurs modalités diverses, s'opèrent par voie de traités écrits, dont les clauses peuvent naturellement varier beaucoup. C'est, en grande partie, à l'interprétation de ces clauses, variable aussi dans chaque espèce, qu'il faut demander la raison de l'antagonisme apparent des décisions de la jurisprudence.

*
* *

C. Fusion. — Ce mot, qui n'a rien de juridique, signifie alliance et mélange intime, autrement dit *confusion*.

Deux sociétés qui *fusionnent* réunissent leurs intérêts ; elles les mélangent et les confondent au point qu'il n'est plus possible en fait, il n'est plus permis en droit de les distinguer, et de les reconnaître à l'état primitif.

Il s'opère une métamorphose qui, sans détruire matériellement ce. qui existait, le modifie de telle sorte que la chose commune est un ensemble nouveau, parfaitement distinct des éléments qui ont servi à le composer.

En un mot, quand deux sociétés industrielles quelconques, quand deux compagnies d'assurances ont fusionné, il est rigoureusement vrai de dire que chacune a perdu son individualité propre, qu'elles sont mortes l'une et l'autre, pour renaître dans une société absolument nouvelle et différente.

La *fusion* de deux compagnies suppose toujours leur liquidation préalable.

Cette liquidation détermine l'actif et le passif de chaque masse sociale, elle fixe leur importance respective.

La liquidation opérée, chaque société fournira à la société nouvelle son apport social, c'est-à-dire l'*ensemble de son portefeuille*.

C'est la mise en commun des deux portefeuilles qui consomme la fusion et la caractérise.

Il y a, si l'on veut, *cession* simultanée de portefeuille consentie par chaque être moral à un être moral nouveau. Mais, tandis que la *cession de portefeuille* ordinaire n'entraîne pas forcément l'extinction de la compagnie cédante et n'entraîne jamais l'extinction de la compagnie cessionnaire, la fusion, elle, implique dissolution instantanée des deux compagnies, s'absorbant, je le répète, l'une dans l'autre, pour constituer une nouvelle société.

*
* *

D. Juxtaposition. — J'ai lu quelque part qu'une

définition précise en est difficile. Nulle part, je n'ai rencontré cette définition.

A vrai dire, une définition de la *juxtaposition* me paraît inutile, voici pourquoi :

La *juxtaposition* des portefeuilles a été imaginée pour éviter l'inconvénient de la fusion, qui est de faire disparaître les deux compagnies, tout en obtenant le même avantage pratique, c'est-à-dire l'économie des frais de gestion.

Deux compagnies se juxtaposent ; elles se soudent l'une à l'autre, afin d'utiliser l'organisme et les rouages d'une seule pour la direction et l'administration combinées des deux portefeuilles.

J'avoue, quant à moi, ne pas saisir très clairement la différence réelle, sérieuse, qu'il peut y avoir entre cette combinaison et la précédente, entre la *fusion des portefeuilles* et leur *juxtaposition*.

Je vois bien des qualifications distinctes ; mais la nuance entre les choses qualifiées m'échappe.

Dira-t-on que la *juxtaposition* laisse coexister l'une à côté de l'autre chaque compagnie, tandis que la fusion les absorbe, les confond l'une dans l'autre ?

Je répondrai que ce sont là des mots, rien de plus ; et que, pour apprécier à sa valeur un acte juridique, il faut considérer ce qui est, non ce qui paraît être ; or, dans la *juxtaposition* comme dans la *fusion*, je vois deux compagnies dont l'une emprunte à l'autre sa direction, son personnel, son fonctionnement, et dont les intérêts sont liés et confondus dans une administration commune.

En résumé :

Ou bien la *juxtaposition* n'est qu'une *fusion* déguisée, et alors il faut supprimer une étiquette trompeuse ;

Ou bien si l'opération est sincère, elle se confond tout simplement avec la *cession de portefeuille*.

Dans toute hypothèse, voilà un terme quelque peu étrange, qui ne répond à aucune réalité précise et spécialisée ; par conséquent, un mot qui est de trop dans une terminologie assez compliquée pour ne pas la surcharger inutilement.

J'en ai fini avec la partie aride, mais indispensable de cette étude.

J'aborde immédiatement le vif du sujet.

IV

Effet juridique des opérations à l'égard des assurés

Je suis assuré à une compagnie qui passait pour solide et de tout repos. J'apprends que mon assureur vient de *réassurer* son portefeuille, ou l'a *cédé* à une tierce compagnie, ou qu'il a *fusionné* avec elle.

J'ai ouï dire que de semblables opérations sont l'indice d'une situation plus ou moins embarrassée. Que ne puis-je rompre avec cet assureur !... Tout mon avoir, toute ma fortune de terre ou de mer tient dans ma police d'assurance. Si ma compagnie ne peut plus faire face à ses engagements, ma ruine est certaine. Pour comble d'infortune, il me faudra, pendant cinq ans, pendant dix ans, payer mes primes à un assureur qui, le jour venu, ne me paiera pas mon indemnité.

Dans ce danger pressant, un moyen s'offre à moi : je puis, *sans rompre avec mon assureur*, mettre à l'abri ma fortune en m'adressant à un second assureur qui s'engage à m'indemniser si mon assureur primitif est insolvable : il y a alors *reprise d'assurance* ou encore *assurance de solvabilité*.

Mais ces expédients, en fait peu pratiqués, donnent lieu à mille difficultés. Il se peut, d'ailleurs, que la police les prohibe.

Bref, pour un motif ou pour un autre, je préfère à ces demi-mesures une rupture immédiate et définitive.

Cette rupture est-elle possible ?

Pour répondre avec certitude, il faut remonter aux principes du droit sur la rupture ou la résiliation des contrats. Ces principes posés, la solution s'en déduira logiquement.

§ I.

Principes du droit en matière de résiliation de contrat.

Ces principes sont résumés en deux lignes dans l'article 1134 du Code civil :

« Les conventions légalement formées *tiennent lieu de loi* à ceux qui les ont faites.

« ELLES NE PEUVENT ÊTRE RÉVOQUÉES — que de leur *consentement mutuel*, ou pour les *causes que la loi autorise.*

Ainsi :

Tout contrat licite est *indissoluble ;* l'ayant conclu, il faut l'exécuter. — Voilà le principe.

A ce principe, *deux exceptions* seulement.

Un contrat peut être dissous :

1° Du consentement mutuel des contractants ; il va de soi que la même puissance qui a noué la convention peut aussi la dénouer.

2° Pour les causes autorisées par la loi.

Quelles sont ces causes *légales* de dissolution du contrat — en particulier du contrat *synallagmatique, bilatéral ?* puisque tel est manifestement le caractère du contrat d'assurance, le seul qui nous intéresse ici.

Ces causes légales de dissolution sont les unes *générales,* communes à tous contrats synallagmatiques, — les autres *spéciales,* propres à tel ou tel contrat donné.

A. — La *cause générale* de dissolution, inhérente à tout contrat bilatéral, applicable par conséquent à l'assurance, c'est *l'inexécution par l'un des contractants.*

Art. 1184. C. civ. : « La condition résolutoire est toujours sous-entendue dans les contrats synallagmatiques, pour le cas où *l'une des deux parties ne satisfera point à son engagement.* »

L'article ajoute, et ceci est important à noter :

« Dans ce cas, le contrat *n'est point résolu de plein droit ;...* La résolution *doit être demandée en justice,* et il peut être accordé au défendeur un délai, selon les circonstances. »

B. — Les *causes spéciales* de dissolution sont nombreuses dans la loi. A titre d'exemple, citons, en matière de société, la dissolution par la volonté d'un seul ou de quelques associés (art. 1865, 5°) — en matière de mandat, la dissolution par la volonté de l'une ou de l'autre partie (art. 2003).

La cause légale de dissolution *spéciale à l'assurance* est énoncée dans l'art. 346 du Code de commerce, en ces termes :

« Si l'assureur tombe en *faillite* lorsque le risque n'est pas encore fini, l'assuré peut le mander caution, ou la résiliation du contrat.

« L'assureur a le même droit en cas de faillite de l'assuré. »

Ne nous occupons que de la résiliation en cas de faillite de l'assureur. C'est l'intérêt de l'assuré seul, ici, qui est en jeu, au point de vue de la question qui nous occupe.

En principe, la faillite d'un contractant ne détruit pas la convention.

La loi en dispose autrement pour l'assurance, parce que l'objet de ce contrat, sa cause finale, pour l'assuré, c'est d'avoir un assureur en état de répondre des suites du sinistre. C'est là, selon le mot d'Emérigon, *l'âme* et *le soutien* du contrat d'assurance. Si donc, pendant la durée du risque, mon garant fait faillite, la *cause finale* disparaît. C'est un contrat désormais *sans âme*, pour continuer l'image du vieil auteur. La dissolution s'impose, si l'assuré la requiert en justice ; elle s'impose, *à moins* que la masse des *créanciers* de l'assureur failli ne se rende elle-même assureur ou ne fournisse caution solvable.

En résumé :

Le contrat d'assurance, en principe indissoluble comme toute autre convention, peut, *par exception* et *dans deux cas*, être résilié à la demande de l'assuré :

1° En cas d'inexécution de la part de l'assureur ;

2° En cas de faillite de l'assureur.

Hors de là, pas de résiliation.

Le principe de l'irrévocabilité reprend son empire.

Sur chacune de ces deux causes de résiliation, quelques explications sont nécessaires :

A. — Inexécution de la part de l'assureur. — L'hypothèse type est le cas où l'assureur, après le sinistre, manque à sa première obligation, ne paie pas l'indemnité due à l'assuré.

A cette inexécution formelle, positive et actuelle, la jurisprudence assimile les hypothèses où l'assureur, *par son fait*, s'est mis dans *l'impossibilité* de remplir ses engagements *futurs*, en diminuant sciemment les garanties promises à l'assuré dans les statuts sociaux ;

Par exemple, en répartissant entre les actionnaires (c'est-à-dire entre les membres de la *collectivité assureur*) les capitaux de la société, avant l'expiration des polices en cours (1) ;

Par exemple, encore, en transférant à une autre compagnie le matériel industriel et le capital social de l'assureur primitif (2).

Toutefois, cette assimilation entre l'inexécution positive et actuelle, et le danger d'inexécution future n'est admise qu'à une condition : il faut que l'impossibilité d'exécution

---

(1) Lyon, 29 décemb. 1885, aff. *Europe* et *Renaissance* c. Ranc, Dalloz, 1886, 2, 66.

(2) Dijon, 2 avr. 1884, et sur pourvoi, Req. 20 oct. 1885, aff. *Nation* c. Chantôme, — Dall., 1886, 1, 129.

à venir soit la conséquence directe d'un acte volontaire, précis et déterminé de l'assureur, tel qu'une répartition anticipée du fonds social aux actionnaires.

Aussi a-t-on justement repoussé une demande en résiliation formée par l'assuré sous prétexte que l'assureur, bien qu'étant *in bonis* (c'est-à-dire maître de son patrimoine industriel, *ni failli ni en liquidation*), ne serait pas en mesure, en cas de sinistre, d'indemniser l'assuré (1). Permettre, en effet, aux assurés de scruter les actes de l'assureur et son état présent de fortune, alors qu'on ne lui reproche aucune violation directe du contrat, ne serait-ce pas, dit la cour de Paris, ouvrir pour l'assuré un droit d'inquisition exorbitant qui pourrait se renouveler sans cesse et qui n'est écrit dans aucune loi ?

B. — Faillite de l'assureur. — Elle ne prouve pas toujours l'insolvabilité, mais elle la fait gravement présumer. C'est pourquoi la loi permet, en pareil cas, à l'assuré d'exiger caution, ou à défaut, de faire résilier sa police, toute garantie ayant disparu dans le présent et pour l'avenir.

On s'est demandé s'il ne conviendrait pas d'étendre, par analogie de situation, la disposition de l'article 346 à la *mise en liquidation,* puisque, comme la faillite, elle implique dissolution de la société assureur et accuse un état d'insolvabilité plus ou moins complet.

Sur ce point, voici l'état résumé de la jurisprudence.

La mise en liquidation est volontaire ou forcée :

Volontaire, quand, la situation devenant critique, l'assemblée des actionnaires — la collectivité assureur — décide de liquider, conformément aux statuts;

Forcée ou *judiciaire,* quand une décision de justice ordonne cette mesure, soit pour cause d'insolvabilité de l'assureur — question réglée ordinairement au vu des statuts (2) — soit pour irrégularités dans la formation de la société, entraînant sa nullité.

a) — Jamais la *mise en liquidation volontaire* n'est, *par elle seule*, une cause de résiliation des polices. L'assuré, en effet, doit savoir que sa compagnie d'assurance, en tant que société, peut, dans les cas prévus aux statuts, se mettre en liquidation. C'est là une évolution normale de la vie

(1) Paris, 11 mai 1850, aff. Boudon-d'Escole, — Dall., 1852, 2, 268.
(2) La plupart des statuts des compagnies d'assurances fixent, en effet, un capital social au-dessous duquel les opérations ne peuvent pas commencer, ou, si elles ont commencé, doivent être arrêtées. *Tant que ce fonds social est intact,* la solvabilité de l'assureur ne saurait être mise en question.

sociale, qu'il n'a pas le droit d'entraver. (Trib. civ. de Lyon, 15 mars 1856, *Journal des assur.*, 1856, t. VII, p. 292).

Ce principe, que la liquidation volontaire d'une compagnie d'assurance ne délie pas les assurés est consacré par une jurisprudence aujourd'hui constante.

b) — Quant à la *mise en liquidation judiciaire*, lorsqu'elle est motivée par l'*insolvabilité* de l'assureur, les avis sont partagés. Les uns, assimilant ce cas à la faillite, autorisent l'assuré à se faire délier de sa police. (Trib. civ. de Lyon, 23 août 1882, *Journ. des assur.*, 1883, t. XXXIV, p. 52.) — Les autres, dont l'avis me paraît plus conforme à la loi, refusent d'assimiler la liquidation judiciaire à la faillite : la disposition de l'art. 346 est une exception qui ne saurait être étendue. On reconnaît toutefois aux tribunaux le pouvoir d'apprécier si la liquidation judiciaire ne met pas en péril les droits de l'assuré; et, si la situation est telle que les garanties initiales aient disparu, on admet pour l'assuré le droit à la résiliation. (*Sic*, Lalande et Couturier, n° 860).

Lorsque la liquidation judiciaire provient d'*irrégularités dans la formation* de la société entraînant sa nullité, il est manifeste (et tout le monde est d'accord sur ce point) que cette nullité *viscérale* atteint tous les actes sociaux et notamment les polices souscrites. La résiliation, même dans ce cas, doit être demandée au tribunal ; mais le juge est tenu de la prononcer. A vrai dire, c'est moins un cas de résiliation qu'une application de la règle *Quod nullum est nullum producit effectum.*

*
* *

Tel est, en abrégé, l'ensemble de la doctrine sur le maintien et la rupture du contrat d'assurance, au point de vue exclusif de l'assuré.

Le maintien du contrat est la règle.

La rupture est l'exception ; — exception strictement limitée à deux cas :

Inexécution actuelle ou danger d'inexécution future par l'effet d'un acte réfléchi de l'assureur.

Faillite de l'assureur, *mais non* sa mise en liquidation, sauf appréciation laissé au tribunal, en cas d'insuffisance de garantie.

Pour compléter cet exposé, je rappelle, une fois pour toutes, que la résiliation ne s'opère jamais de plein droit; que l'assuré qui veut l'obtenir doit la requérir en justice, soit par voie d'action, soit reconventionnellement, sous forme de défense à l'action de l'assureur réclamant le paiement de la prime.

§ 2.

Application des principes à la question posée.

Sur ces données, qui sont indiscutables, il est facile de répondre à la question formulée plus haut :

« L'assuré d'une compagnie réassurée, fusionnée, cédée, peut-il faire résilier sa police ? »

Oui, si les opérations dont s'agit rentrent dans les causes légales de résiliation, *inexécution* ou *faillite*.

Non, dans le cas contraire.

Eliminons tout de suite le cas de faillite ; — et voyons si les opérations sus-énoncées constituent, oui ou non, l'inexécution dans le sens de l'article 1184, C. civ.

Une seule opération, la *cession de portefeuille*, présente les plus graves difficultés, à raison de son caractère com-plexe.

Quant à la *réassurance* et à la *fusion*, la solution nous est tout indiquée, connaissant maintenant leurs effets respectifs et la règle en matière de résiliation d'assurance.

Expliquons-nous d'abord sur ces deux traités, pour con-sacrer ensuite à la cession de portefeuille les développements qu'elle comporte.

A. **Réassurance.** — Pratiquée suivant sa définition, jamais la réassurance d'un portefeuille ne porte atteinte aux contrats des assurés. Partielle ou totale, elle ne peut en aucun cas motiver la résiliation des polices (1).

La réassurance, en effet, bien loin de nuire à l'exécution des engagements de l'assureur, a pour but et pour effet d'en garantir le parfait accomplissement, puisqu'elle donne un fidéjusseur, une caution à l'assureur, à l'insu de ses propres assurés.

Ce caractère de cautionnement, qui distingue la réassurance, pourrait faire naître un doute qu'il est bon de prévenir : — L'art. 346 permet, on le sait, à l'assureur failli d'éviter la résiliation des polices en donnant *caution* solvable à l'assuré. Une réassurance pourrait-elle tenir lieu

---

(1) Quand des auteurs, hostiles à la cession de portefeuille, proclamant que la réassurance *partielle* est *seule* permise ; que la réassurance *totale, globale* du portefeuille est, au contraire, illicite, et emporte rupture des polices, ces auteurs confondent évidemment la réassurance proprement dite avec la cession de portefeuille. — Confusion et abus de langage signalés plus haut (p. 8, i. f.) et que la jurisprudence a eu soin d'éviter.

de caution ? — Je ne le pense pas, voici pourquoi : La caution, aux termes de l'art. 2018, C. civ., doit, pour être acceptée, *garantir la totalité de l'obligation*. Elle doit, pour être bonne et valable, assurer le paiement intégral de la créance. Or, la réassurance ne constitue jamais qu'une garantie auxiliaire, qu'un *supplément* de sûreté. — Qu'une compagnie d'assurance en liquidation fasse réassurer son portefeuille, ajoutant ainsi à sa garantie personnelle celle de la compagnie réassureur, l'assuré ne peut pas se plaindre de cette garantie supplémentaire. Mais, quand il s'agit d'une Compagnie en faillite, ce n'est plus un supplément de garantie que le syndic doit offrir aux assurés, s'il veut prévenir la rupture des polices, c'est une garantie complète, intégrale, sous forme de caution (1).

B. Fusion, — La solution, en sens inverse cette fois, résulte avec la même évidence des principes posés plus haut.

La fusion, en effet, met fin à l'existence de la compagnie assureur; elle constitue le manquement le plus absolu aux engagements d'une société, qui doit, avant tout, *être*, *exister*, conserver son identité et son autonomie.

La fusion est donc, sans contredit, pour l'assuré un motif péremptoire de résiliation.

On a dit (et je m'en étonne) qu'un tel résultat est choquant, excessif en équité : car si, en droit, théoriquement, l'assureur primitif disparaît par la fusion, en fait, la garantie de l'assuré peut se trouver accrue; la fusion ne procure-t-elle pas aux assurés deux débiteurs au lieu d'un ?

Aussi n'est-il nullement question d'*imposer* à l'assuré la résiliation de sa police.

La résiliation (on l'oublie trop facilement) n'a jamais lieu d'elle-même, *ipso jure*. L'assuré est maître de son choix. Si la situation nouvelle lui inspire confiance, il adhérera et tout sera dit. Mais, contraindre l'assuré à subir le nouvel état de choses, l'obliger à s'exécuter quand son assureur se dérobe, quand il abdique sa personnalité morale, voilà ce qui serait choquant et excessif !

---

(1) Voir, contrairement à l'opinion exprimée au texte, un arrêt tout récent de la cour de Bruxelles du 27 juin 1888. (Conseiller des ass., nº 239.) La difficulté, il est vrai, soulevée par les assurés de la Compagnie faillie n'était pas de savoir si la réassurance vaut comme cautionnement; ils soutenaient seulement que la réassurance offerte par le syndic dissimulait une véritable substitution du réassureur au réassuré, qu'en d'autres termes il s'agissait d'une cession de portefeuille *mettant fin à l'existence* de la Compagnie cédante.

Afin d'éluder l'effet résolutoire de la fusion, on a proposé un détour. Des esprits graves ont fait ce raisonnement : Puisque l'absorption totale et immédiate d'une compagnie dans une autre peut amener la rupture des polices, que ne procéderait-on par voie d'absorption lente et successive au moyen d'un achat progressif des actions de la première compagnie par la seconde ?

Et l'on arrive à cette formule ingénieuse : « une fusion entre deux sociétés, mais seulement préparée par l'acquisition graduelle des actions, et ajournée jusqu'au moment jugé opportun pour consommer la fusion ».

Voilà, si je saisis bien le jeu de l'opération, un procédé qui déconcerte un peu nos idées sur le juste et l'injuste. Il sera donc permis de faire indirectement, par-dessous main, ce que l'on ne pourrait pas faire directement et au grand jour ? On pourra endormir la confiance des assurés, sauf à démasquer plus tard la manœuvre et à *consommer la fusion au moment opportun ?*

Les inventeurs de la combinaison avouent qu'elle *n'est pas sans danger.* Ils accordent même qu'elle est « entachée d'un certain *opportunisme* ».

Dangereuse, peut-être ; mais à coup sûr déloyale et inefficace, — autant de motifs pour lesquels je n'en recommanderai point l'usage aux compagnies qui ont quelque souci de la légalité.

IV

C. Cession de portefeuille. — C'est ici que s'élèvent les véritables difficultés.

Le critérium, je le rappelle, est celui-ci :

L'opération *équivaut-elle à l'inexécution* (dans le présent ou dans l'avenir) des engagements de l'assureur, — alors la résiliation s'ouvre pour l'assuré, — *à moins*, bien entendu, qu'il n'opte pour le maintien du contrat, en acceptant le nouvel assureur, la compagnie cessionnaire.

Si, au contraire, la cession de portefeuille ne met pas obstacle à l'exécution des obligations de l'assureur, alors la police tient toujours et l'assuré reste lié envers l'assureur primitif.

Sur cette délicate question, diverses solutions ont été proposées. (1)

(1) On pourra consulter avec fruit les articles suivants publiés sur la question :

Merger, *Revue pratique de dr. franç.*, 1859, 1ᵉʳ semestre, p. 287;

Voici actuellement, les deux opinions qui me paraissent résumer l'antagonisme de la doctrine en cette matière.

L'une, hostile à toute cession de portefeuille, favorise à l'excès la résiliation des polices d'assurance.

L'autre, plus soucieuse des règles de la loi, n'admet la résiliation que comme une mesure extrême, dangereuse pour tous les intérêts, dont l'application suppose l'inexécution formelle des engagements de l'assureur.

PREMIÈRE SOLUTION.

C'est ce que j'appellerai le système de la résiliation à outrance.

Ce système peut se résumer ainsi :

Tout traité (qu'il s'appelle cession ou réassurance) par lequel une compagnie A, moyennant un prix stipulé, cède à la compagnie B *l'ensemble de son portefeuille*, le bloc de ses polices, c'est-à-dire le droit aux primes et la charge des sinistres, — tout traité semblable n'est qu'une *vente du portefeuille*, et permet aux assurés de la compagnie cédante de rompre leurs polices ; — et cela, quand bien même la compagnie cédante aurait, d'après le traité, gardé son administration propre, son actif social et son fonds de réserve.

Cette opinion, qui a l'avantage de simplifier toutes les difficultés, a été développée avec beaucoup de verve et de talent dans un article du *Conseiller des assurances* (n° du 15 décembre 1885).

L'auteur de cette étude prend pour point de départ la réfutation du mémorable arrêt de la cour d'Agen, rendu le 24 novembre 1885 dans l'affaire Lutzy contre *le Midi*.

L'espèce jugée est bien connue des assureurs.

Lutzy, assuré au Midi par police du 1er mai 1881, refuse un jour de payer ses primes et demande la résiliation de son contrat : il se fonde sur ce que *le Midi*, par traité du 18 février 1882, a cédé tout son portefeuille à *la Continentale*

Thomereau, *Moniteur des assurances*, n° du 15 juin 1878 ;

Vavasseur, *Journal le Droit*, n° du 19 mai 1881 ;

Labbé, *Note insérée au Recueil Sirey*, 1882, 2, 1 ;

A. de la Briselainne, *le Conseiller des assurances*, n° du 15 décembre 1885 ;

Badon-Pascal, *Journal des Assurances*, 1886, p. 99.

A.-L. Martin, *Recueil périod. des assurances*, n°s de janvier et mai 1887.

C. Oudiette, *Article extrait du Moniteur des Assurances* (Warnier, édit., Paris, 1888).

— a cessé par suite d'exister, — a diminué, tout au moins les garanties initiales.

En fait, l'arrêt d'Agen constate :

Que *le Midi* a cédé à *la Continentale* ses risques en cours, avec les primes échues et à échoir ; — que cette cession est faite moyennant 1° l'obligation pour *la Continentale* de payer les sinistres futurs ; 2° la somme de 900.000 fr. à compter au *Midi ;* — que le directeur du *Midi* est remplacé par le directeur de *la Continentale ;* — que le personnel et le local de cette dernière sont mis au service du *Midi ;* — que toutefois, *le Midi* continue de fonctionner comme société, ayant ses assemblées annuelles, son administration et son contrôle, souscrivant de nouvelles polices et réglant ses sinistres, conservant enfin son capital-actions et son fonds de réserve.

En droit : la cour décide qu'une réassurance globale, quand elle ne s'applique qu'*aux risques* et *aux primes,* laissant intactes l'existence et la personnalité de l'être moral société, n'est pas une cause de résiliation des polices. Sans doute, il se peut que les garanties soient *diminuées,* mais cette diminution, en dehors de la faillite ou de la dissolution, qui seules mettent fin à la société, ne permet pas à l'assuré de critiquer les actes d'administration déli·bérés et accomplis au sein de la société assureur.

C'est la théorie développée autrefois et mise en pratique par la cour de Paris, dans son arrêt de 1850 refusant à l'assuré un « droit de perquisition exorbitant et qui n'est écrit dans aucune loi ». (*Supra*, p. 16, note 1.)

En fait comme en droit, la décision d'Agen me paraît irréprochable ; et peut être faut-il attribuer la sévérité des critiques dirigées contre elle aux entraînements d'une polémique plus ardente que réfléchie.

Au demeurant, la doctrine des partisans de la résiliation, offre un inconvénient et même un danger. Sous prétexte de faire la guerre au trafic des clientèles et à la vénalité des compagnies qui font argent de leurs portefeuilles, on arrive, par cette solution, à favoriser les ventes et les trafics. Vous résiliez les polices et vous rendez leur liberté aux assurés, afin — dites-vous — de couper court aux entreprises malhonnêtes des « marchands de porte-feuilles » ; — en réalité, vous secondez merveilleusement ces entreprises, en faisant le jeu des compagnies traitantes, surtout des compagnies cessionnaires.

La raison s'en aperçoit aisément :

Lorsqu'un traité suspect a pour objet la vente d'un portefeuille, c'est-à-dire la substitution de l'assureur qui achète à celui qui vend, quel est le but des traitants ? faire passer aux mains de l'acheteur la clientèle convoitée, à l'aide de *reprises* d'assurance. Si, *a priori*, en thèse, vous décidez que toute réassurance globale, toute cession de portefeuille déliera les assurés et les fera libres, qu'arrivera-t-il ? C'est que neuf assurés sur dix seront acquis d'avance à la Compagnie cessionnaire, parce que celle-ci connaissant mieux que personne la situation respective des assurés et de leur compagnie, aura sur tous les autres assureurs, l'immense avantage de pénétrer la première auprès de la clientèle à conquérir. Et l'on assistera encore à cette comédie judiciaire tant de fois renouvelée devant nos tribunaux; on verra les assurés venir à la file, poussés par la compagnie cessionnaire (dissimulée plus ou moins dans la coulisse), réclamer à hauts cris la résiliation de leurs contrats, tandis que des polices nouvelles sont déjà préparées par les bons soins de la cessionnaire, qui, de cette façon, dupe tout le monde et s'enrichit des dépouilles du vaincu.

Dans cette question des cessions de portefeuille, on a le tort de perdre de vue le principe qu'en matière de contrats l'indissolubilité est la règle, la dissolution l'exception rare.

Résilier des polices d'assurances, les résilier en masse, au gré des assurés, sous prétexte qu'un assureur ne mérite plus la confiance de sa clientèle, bien que cependant il n'ait éludé aucun règlement de sinistre, alors qu'il continue de fonctionner et de vivre, sinon pour traiter des affaires nouvelles, tout au moins pour *liquider les affaires en cours;* — alors, en un mot, qu'il n'y a ni faillite, ni refus d'exécuter le contrat, — c'est là un remède, à mon avis, pire que le mal, et ceux qui le préconisent avec tant de chaleur, ne prennent pas garde qu'un tel remède tue les compagnies dont le seul crime est d'avoir peu prospéré, — rend à ces compagnies toute liquidation impossible et précipite leur ruine sans profit pour les assurés…au contraire !

A cette solution je préfère la suivante (adoptée maintenant par la très grande majorité), et je la préfère non parce qu'elle est l'opinion de la majorité, mais parce qu'elle me semble donner satisfaction tout à la fois aux principes du droit et aux intérêts véritables, bien compris, des compagnies d'assurances et des assurés :

DEUXIÈME SOLUTION.

Les cessions en bloc de portefeuille, comme la réassurance totale, n'ont, par elles-mêmes, rien absolument d'illicite. — Elles sont même toujours licites, valables, de compagnie à compagnie, — *inter partes.*

Quant aux effets de l'opération à l'égard des *tiers* assurés, on doit, pour les apprécier, considérer les résultats de cette

opération au double point de vue de l'*existence* de l'assureur, et des *sûretés* promisespar lui à ses assurés.

En fait, quelles que soient la forme du traité et sa quali-
fication, si ce traité laisse intacte l'*existence* de la société
assureur (cédante ou réassurée),intactes les *garanties* essen-
tielles offertes aux assurés, il n'y a *pas de résiliation*
possible, les polices doivent être maintenues.

Si, au contraire, le traité a pour conséquence de mettre
fin à l'existence de l'assureur cédant, de supprimer les
garanties initiales promises par les statuts aux assurés,
ceux-ci sont affranchis des liens du contrat; ils peuvent
obtenir judiciairement la résiliation de leurs polices.

En deux mots, la question des cessions de portefeuille
n'est pas autre chose qu'une *question de fait,* mais une
question de fait dont la solution ne peut pas, évidemment,
être abandonnée à l'arbitraire de chacun.

En jurisprudence, il n'y a pas de question de fait qui ne
comporte la connaissance des principes du droit et la mise
en œuvre de ces principes. Dans une étude avant tout
impartiale, il a falu d'abord mettre en relief les règles qui
dominent la matière et doivent guider l'interprète dans
l'appréciation des faits.

Mis en présence d'un traité de cession ou de réassurance
en bloc de portefeuille, le juge devra donc se préoccuper
peu ou point de la physionomie extérieure de l'opération,
du nom donné à cette opération par les compagnies inté-
ressées. Il négligera l'étiquette et ira droit au fait, c'est-
à-dire aux clauses du contrat et à leurs conséquences :
oui ou non, le traité permet-il à l'assureur cédant de vivre
et d'agir comme être moral *indépendant du cessionnaire ?*
Oui ou non, les sûretés fondamentales statutaires offertes
par le cédant à ses assurés survivent-elles au traité, *en
dehors* des garanties et de la solvabilité du cessionnaire ?
Voilà l'importante, l'essentielle question à résoudre;
question difficile, certes ! susceptible, parfois, j'en conviens,
de *plus* ou de *moins* dans l'application; mais qui, justement, à raison de sa complexité, et des facilités qu'elle
ouvre à l'arbitraire, rend indispensables l'indication et
l'emploi d'une règle positive pouvant servir de ligne de
conduite au magistrat appelé à se prononcer.

En cas de doute, la question devra être résolue dans le
sens du *maintien* des conventions.

V

La jurisprudence.

A travers les hésitations et les tâtonnements inévitables de la jurisprudence en pareille matière, on voit néanmoins se dégager dès les premiers temps la théorie vraie, qui tend de plus en plus à se généraliser, celle qui subordonne la rupture des polices à la disparition de la compagnie cédante et à la suppression des garanties initiales.

Il manquait à cette jurisprudence, pour s'affirmer plus complètement et devenir universelle, la consécration de la Cour suprême.

Pourtant, dès 1885, un arrêt de la chambre des requêtes du 20 octobre (affaire Chantôme c. *la Nation*) adoptait implicitement la théorie favorable au maintien des contrats :

« Attendu, dit cet arrêt, qu'en l'état des faits souverainement constatés, l'arrêt attaqué a décidé que l'ancienne société, après liquidation suivie de la cession générale et absolue de tous ses droits actifs et passifs *avait cessé d'exister;* — Qu'elle ne pouvait demander le maintien d'un contrat d'assurance impliquant de sa part et de la part de l'assuré des obligations réciproques et poursuivre contre Chantôme les engagements contractés par celui-ci, alors qu'elle s'était mise dans l'*impossibilité de tenir ceux qu'elle avait pris elle-même* (1). »

Par les expressions que je souligne, la chambre des requêtes indique bien que, dans sa pensée, le fait majeur et décisif, la raison déterminante qui permet de résilier ou de maintenir les polices d'assurances, c'est la circonstance que la compagnie assureur a conservé ou a perdu son existence.

Depuis l'arrêt de 1885, un fait important et attendu avec impatience dans le monde des assureurs vient récemment de se produire.

Il y a quelques jours, la chambre des requêtes, dans son audience du 17 avril 1888, a admis quatre pourvois formés par la compagnie *la Centrale* (incendie) contre deux arrêts de la cour de Bourges (affaires Martin et Bodin) et deux jugements du tribunal civil de Bordeaux (affaires Dussumier-Latour et Audy) (2).

(1) Dall. 86. 1. 129.
(2) *Gazette des Tribunaux*, numéro du 20 avril 1888.

La difficulté spéciale à l'affaire de *la Centrale* et qui rend l'admission de ces pourvois particulièrement intéressante, c'est que, dans le traité de *la Centrale* avec *la Réparation*, *la Centrale*, tout en réassurant son portefeuille « province et étranger », déclare se réserver formellement les affaires et le portefeuille de Paris ; en telle sorte que, pour les assurés de province et d'étranger, pris respectivement, il y a réassurance *totale*, cession d'un bloc de risques ; tandis que, au point de vue de la *masse* des assurés de *la Centrale*, et si l'on considère l'ensemble de l'entreprise sociale, il n'y a, en définitive, qu'une réassurance ou cession de risques partielle, limitée à deux catégories, à deux compartiments du portefeuille général. Dans tous les cas, et quoi qu'on puisse penser de l'opération en elle-même, il est certain qu'ici on est en face d'une compagnie *bien vivante*, puisqu'elle continue d'agir et de fonctionner *au siège* même de ses opérations.

La doctrine de la chambre des requêtes, telle qu'elle résulte de l'admission des pourvois, se résume ainsi :

La clause par laquelle la compagnie cédante s'engage à ne plus créer aucune agence, tout en se réservant une partie de son portefeuille, n'ôte pas à la convention son caractère de réassurance ; et *tant que l'assureur primitif existe* et continue d'offrir à l'assuré la garantie de solvabilité promise au début du contrat, *l'assuré ne peut pas faire résilier sa police*. — Un jugement ne peut, sans violer les articles 1184, 1134, 1271 et suiv. du C. civ., délier un assuré de l'obligation de payer ses primes par le motif que la compagnie assureur a cessé d'exister par suite d'un traité de cession, — alors cependant que le jugement n'examine pas si, *en fait*, cette compagnie a cessé ou non d'exister, et si elle est ou non dans l'impossibilité de remplir ses engagements.

Il est vrai d'ajouter que, presque aussitôt, dans l'audience du 22 avril suivant, la Cour de cassation admettait, cette fois *en sens opposé*, un autre pourvoi contre un jugement du tribunal civil de Lyon du 8 juin 1887 (affaire Dupinay c. *la Centrale*) prononçant le maintien de la police.

Quoi qu'il en soit, la discussion est largement ouverte, et le moment approche où cette question qui a tant préoccupé le public assureur va recevoir, je l'espère, sa solution définitive. Il y a lieu de penser que cette solution ne fera que confirmer la théorie contenue en germe dans l'arrêt *Chantôme*, et que, dans cette lutte engagée devant la Cour suprême, l'avantage restera aux partisans du maintien des contrats, à ceux qui, comme nous, font dépendre de la survie ou de la disparition de l'assureur et des garanties statutaires le maintien ou la résiliation des polices.

Pour compléter cette étude, il me reste à donner un aperçu sommaire de la jurisprudence actuelle sur la question.

Il eût été intéressant et curieux de remonter dans le passé, et de suivre dès ses premiers pas la formation de cette jurisprudence. Mais en un travail comme celui-ci, où le côté utile l'emporte avant tout, je dois, dans l'intérêt même de ceux à qui il s'adresse, me borner à présenter sous une forme brève et dans un ordre méthodique, les décisions les plus récentes recueillies par les arrétistes et dans les revues spéciales (1).

*
* *

ETAT RÉSUMÉ DE LA JURISPRUDENCE

Effets des traités *passés entre compagnies.*

1. En cas de cession de portefeuille par une compagnie à une autre, l'assuré reste lié si la compagnie cédante a gardé son existence propre, en restant personnellement débitrice de l'indemnité en cas de sinistre, et si les garanties statutaires promises à l'assuré sont intactes.

Tr. civ. Lyon. 10 mars 1886 (*Centrale* c. Revenu et Risser).

Voici les principaux passages de ce jugement :

Attendu, *en droit*, que la cession qu'une compagnie d'assurances peut faire de son portefeuille constitué par des polices d'assurances devant comprendre un certain nombre d'années, n'est autre chose qu'une cession de créances qui n'est interdite par aucun texte de loi ; — qu'il faut toutefois que les conditions de cette cession n'aient pas pour effet de modifier les relations qui existent entre les compagnies et les assurés ; — qu'il est certain que si la compagnie est créancière des primes qu'elle cède, elle est débitrice éventuelle d'une indemnité en cas de sinistre, et que l'assuré à son tour, s'il est débiteur des primes qu'il a promises, est créancier de l'indemnité qu'il a voulu s'assurer en les payant ; — qu'il est donc nécessaire, mais qu'il suffit, à raison de cette situation et des engagements réciproques qui en découlent, que l'assureur, qui ne peut offrir un autre débiteur à l'assuré et le faire accepter en son lieu et place sans son consentement, ne se mette pas, par cette cession, dans l'impossibilité de tenir les engagements qu'il a pris ; — que cette solution n'est que l'application des principes du droit commun posés dans les articles 1134, 1184 et 1275 C. civ. ;

Qu'il en résulte qu'une cession de portefeuille ne sera permise qu'autant que la compagnie continuera son existence propre, en restant personnellement débitrice de l'indemnité, et qu'elle ne se sera

(1) Voir, à la fin de cette étude, le tableau chronologique des décisions rendues *pour* ou *contre* le maintien des contrats d'assurances.

pas placée dans l'impossibilité d'exécuter le contrat d'assurances, en diminuant, par la cession, les sûretés promises aux assurés ;

Que dans ce cas il y aura lieu de décider que la compagnie ayant tenu tous ses engagements, les assurés ne sauraient être déliés de leur obligation de payer le montant des primes stipulées dans la police ;

Qu'il importe donc de rechercher, *en fait*, si la cession a laissé subsister la compagnie avec son individualité et son autonomie, et si elle a conservé à l'assuré les garanties qui lui avaient été promises ;

Que le procès actuel se réduit ainsi à l'appréciation d'une question de fait que le tribunal doit résoudre en examinant les conditions de la cession, son véritable caractère, les conséquences qui peuvent en découler et les faits qui l'ont suivie ;

Attendu, *en fait*, que, si par le traité du 11 août 1882 *la Centrale* a cédé son portefeuille de province à *la Réparation* à condition qu'elle réglerait tous les sinistres avec les assurés, il est certain qu'elle s'est formellement réservé, par l'article 1er de ce même traité, le portefeuille de Paris.

Que cette seule réserve suffirait déjà pour établir que la *Centrale* n'a pas disparu en tant que société.

[Les *attendus* suivants constatent que *la Centrale* continue de réunir annuellement ses assemblées générales, conserve son capital social, règle directement avec les sinistrés de province, qu'enfin après l'annulation de la société *la Réparation*, elle a poursuivi la résolution du traité du 11 août et réclamé au *Progrès national*, arrière-cessionnaire, tous les contrats remis par elle à *la Réparation*.]

Attendu qu'en présence de ces faits, il n'est pas possible de soutenir que le traité aurait eu pour conséquence de faire disparaître *la Centrale* et de lui substituer un nouveau débiteur en la personne de *la Réparation*.

Que, vainement, Revenu et Risser invoquent les articles 2, 3, et 5 du traité, qui interdisent à *la Centrale* de créer de nouvelles agences en province et d'y souscrire de nouvelles affaires, et qui stipulent que *la Réparation* profitera de l'organisation de la *Centrale*, en conservant son personnel, comme aussi le directeur de la *Réparation* sera nommé directeur de *la Centrale* pour toutes les assurances comprises dans le traité ;

Que ces différentes clauses peuvent bien servir à démontrer (ce qui n'a jamais été sérieusement contesté) que ce contrat était une cession partielle et non une réassurance, mais qu'elles ne sont pas suffisantes pour faire disparaître la personnalité de *la Centrale* ;

Qu'il ne saurait être défendu à une société de renoncer, comme conséquence d'une cession partielle de portefeuille que l'assemblée a crue utile aux intérêts de la société, à faire de nouvelles affaires en concurrence avec le cessionnaire.

Qu'il suffit de se pénétrer de l'esprit qui a présidé à la rédaction du traité et d'en rapprocher les clauses, pour être convaincu que la *Centrale* a voulu commencer une liquidation qui devait s'opérer en 1888 ;

Que, pour la rendre plus facile, elle a cherché à centraliser ses affaires en ne conservant que le portefeuille de Paris, en remettant à *la Réparation* le portefeuille de province, qui ne lui donnait problement aucun bénéfice et l'exposait à des risques plus sérieux.

Qu'une compagnie d'assurances a incontestablement le droit de restreindre ses opérations alors que sa conduite est inspirée par un sentiment de prudence et de conservation, pourvu qu'elle ne se mette pas dans l'impossibilité d'exécuter ses obligations ;

Attendu que les divers bilans attestent que le capital social, qui, en matière d'assurances, est *la principale garantie des assurés* (1), n'a pas été modifié depuis le jour de la souscription de la police par Revenu et Risser ;

Qu'il n'a été stipulé en faveur de *la Réparation* ni prime, ni soulte, ni aucun autre avantage qui aurait pu diminuer le capital social de *la Centrale*.

Que, pour obtenir cette cession, *la Réparation* de son côté, ne s'est engagée à verser dans la caisse de *la Centrale* aucune somme à distribuer à ses actionnaires (2).

Que toutes ces circonstances tendent à faire présumer qu'en abandonnant ses affaires de province, l'assemblée des actionnaires n'a voulu faire qu'un acte de bonne administration et n'a cherché qu'à sauvegarder le capital de la société, aussi bien dans l'intérêt des actionnaires que dans l'intérêt des assurés eux-mêmes;

(Le tribunal condamne Revenu et Risser à payer leur prime d'assurance à *la Centrale*.)

2. La Compagnie qui a cédé son portefeuille et qui, par l'effet de la cession, ne possède plus ni capital, ni conseil d'administration, ni directeur, ni dénomination propre, a cessé en fait d'exister et ne peut plus, dès lors, poursuivre le paiement des primes de ses assurés. Ceux-ci ne sont pas davantage obligés envers la compagnie cessionnaire. (Cession de *la Paix* à *la Foncière*.)

---

(1) Cette proposition, que le capital social est, en matière d'assurances *la principale garantie des assurés*, a été vivement combattue. « La principale garantie des assurés, a-t-on dit, *ce n'est pas le capital social*, à peine supérieur bien souvent à la totalité des sinistres d'un ou deux exercices ; *c'est et ce ne peut être* que le *capital-primes*, formé chaque année du cumul des primes encaissées; supprimez le capital-primes, il ne reste rien ou presque rien aux assurés comme garantie. » — On perd de vue que la charge des sinistres suivant l'encaissement des primes entre les mains de l'assureur cessionnaire, ce que le cédant perd d'un côté il le gagne de l'autre, puisque, vienne le sinistre, il n'aura pas à puiser dans sa caisse, mais recevra du cessionnaire les fonds destinés à indemniser le sinistré.

(2) Il a bien été question d'un capital de 420,000 fr., qu'un agent de *la Centrale*, à Lyon, avait touché de *la Réparation*.

Mais, outre qu'il s'agissait là, non d'un prix de cession perçu par *la Centrale*, mais d'un pot-de-vin stipulé en dehors de toute intervention de cette compagnie, il est jugé (V. notamm., Bordeaux, 4 mars 1885 infra, n° 4), que le prix de cession lui-même, perçu par l'assureur cédant *au profit de la caisse sociale*, n'empêche pas le traité d'être opposable aux assurés, qui restent liés, pourvu d'ailleurs que le traité laisse intactes l'existence de l'assureur et les garanties statutaires.

Tr. civ. Toulouse, 20 janvier 1878. Bonneville de Marsangy.
Jurisprudence générale des assur. terr., 3e partie, p. 225.
Tr. civ. Limoges, 1er août 1878, ibid., 229.

3. Les compagnies d'assurances ont la faculté de réassurer en totalité leurs portefeuilles à l'insu de leurs assurés,
sans perdre aucun de leurs droits contre eux, pourvu que
la compagnie réassurée continue d'exister avec ses garanties statutaires, son capital social, son fonds de réserve, ses
actionnaires et qu'elle pourvoie elle-même au règlement
des sinistres.

Agen, 24 novembre 1885 (*le Midi* c. Lutzy), sup. cit., p. 21.
J. de paix de Châlons-s.-Marne, 10 avril 1888 (la *Préservatrice*
c. Vernier). Gaz. du Pal., 31 mai 1888.

Cette dernière décision, la plus récente à ma connaissance, s'exprime ainsi sur le point qui nous intéresse :

Att., en droit, que la réassurance est parfaitement licite en elle-
même et qu'elle peut être générale, c'est-à-dire s'appliquer à tous
les risques courus et à courir, moyennant l'abandon de toutes les
primes échues et à échoir :
Att. que la prime de réassurance peut être moindre ou plus
forte que celle de l'assurance ; qu'un pareil contrat, alors même
qu'il comporte la cession de toutes les primes à encaisser, constitue un simple acte d'administration, de gestion intérieure, une
opération de trésorerie qui le plus souvent s'impose aux compagnies pour la conservation du capital social, lorsque la proportion
des sinistres dépasse d'une façon notable le taux considéré comme
normal, ou lorsque les compagnies sont en liquidation et que le
nombre des polices diminue graduellement ;
Att. qu'il n'opère pas novation et n'apporte aucune modification au
contrat synallagmatique intervenu entre l'assureur et l'assuré ; que
loin de nuire à ce dernier, il ne fait qu'augmenter ses garanties
puisque, en cas de sinistre, il aura, pour ainsi dire, deux obligés au
lieu d'un ; qu'au surplus la réassurance lui est étrangère et le
laisse en quelque sorte, vis-à-vis de la compagnie avec laquelle
il a contracté, dans la situation du bailleur qui voit son preneur
sous-louer, lorsqu'il ne lui a pas expressément interdit cette
faculté ; qu'à l'inverse, pour justifier le refus de paiement de la
prime et servir de base à une demande en résolution de police, la
réassurance totale, universelle, devrait revêtir les caractères de
la vente ou d'une cession de portefeuille impliquant la disparition
de la compagnie primitive, l'anéantissement des garanties essen-
tielles sur lesquelles l'assuré était en droit de compter et résidant
surtout dans le capital statutaire et dans le fonds de réserve.
Att. que l'aliénation totale ou partielle de ces éléments d'actif
constitutionnel aboutirait forcément, en fait sinon en droit, à une
novation par substitution de débiteur, car par suite du défaut de
solvabilité ou de l'altération sensible des ressources de la société
avec laquelle ils ont passé leurs traités, les assurés ne pourraient
être éventuellement indemnisés que par la compagnie cessionnaire ;

Att. qu'en dehors de l'hypothèse qui précède, la *dissolution* ou la *faillite* de la compagnie avec laquelle il a contracté et dont il a suivi la foi, peuvent seules dégager l'assuré de ses engagements en rompant les liens de droit qui existaient entre lui et son assureur ;... qu'il importerait peu que le défendeur prouvât que *la Préservatrice*, par ses agissements (suspension des opérations, — invitations aux clients de convertir leurs polices expirées en polices du *Phénix*, Compagnie réassureur, — remplacement des agents de *la Préservatrice* par ceux du *Phénix*), n'a d'autre but que de hâter sa liquidation, puisqu'une telle mesure serait un acte de son existence même et qu'elle ne tournerait au profit des assurés qu'autant que ceux ci paieraient leurs primes jusqu'à l'expiration de leur police et à la fin de la liquidation ;

Att. que *la Préservatrice* a maintenu son siège social et ses bureaux à Paris, ainsi que son conseil d'administration ; qu'elle règle ses sinistres et continue à payer ses impôts ; qu'en un mot elle subsiste avec son autonomie et ses garanties constitutionnelles, augmentées de la bonification de 22 ½ °/o (payée par *le Phénix* à *la Préservatrice* sur toutes les primes encaissées par *le Phénix*) et reste personnellement et directement obligée envers ses assurés, comme ceux-ci doivent demeurer liés avec elle jusqu'à l'expiration de leurs engagements ; qu'ainsi, les divers moyens invoqués par Vernier étant mal fondés, c'est à bon droit que *la Préservatrice* poursuit l'exécution de la police souscrite par le défendeur.

*
* *

Prix stipulé *au profit de la compagnie cédante.*

4. La circonstance qu'une rémunération (soit à forfait, soit d'un tant pour cent sur les primes à encaisser) aurait été promise par la compagnie cessionnaire ou réassureur à la compagnie cédante ou réassurée, ne suffit pas à elle seule pour entraîner la résiliation des polices, si d'ailleurs la compagnie cédante subsiste avec ses garanties statutaires.

Bordeaux, 4 mars 1885 (*la Sauvegarde* c. Mauvezin). Recueil de Bordeaux, 1885, p. 114.

Att. que le prix de cession... est révélé par les livres de *la Clémentine* (compagnie cessionnaire), et par un jugement etc. ;

Qu'un semblable paiement est évidemment exclusif de tout traité de réassurance et démontre que les parties contractantes on fait et voulu faire une véritable cession de portefeuille ;

Qu'une *pareille cession* N'AURAIT PU, il est vrai, DÉLIER LES ASSURÉS de leurs obligations, si *la Sauvegarde* (comp. cédante) *avait gardé sa personnalité et conservé réellement son existence légale* jusqu'à l'expiration de la dernière police en cours (1).

---

(1) On le voit, d'après la cour de Bordeaux, l'existence d'un prix payé par l'assureur cessionnaire au cédant peut bien autoriser à dire qu'il y a cession pure et simple ; mais *même alors*, les polices cédées subsistent et les assurés restent liés, si, en vertu du traité, l'assureur primitif garde son existence et son autonomie.

*
* *

Cession de portefeuille **après faillite** *ou dissolution.*

5. La cession qu'une compagnie d'assurance en état de *faillite* fait de son portefeuille à une autre compagnie n'est pas opposable aux assurés de la cédante: elle ne les oblige pas envers la cessionnaire. (Cession du *Salut* à *la Provinciale*).

> Tr. com. Marseille, 12 août 1878. B. de M., 3, 230.
> Tr. com. Seine, 19 octobre 1878. Ibid., 3, 231.

6. La cession de son portefeuille par une compagnie *dissoute* à une compagnie nouvelle permet à l'assuré d'obtenir la résiliation de sa police.

> Paris, 4 août 1882. — Toulouse, 3 mai 1883; Sirey, 83, 2,175.
> Tr. civ. Lyon, 30 août 1882. Jour. des assur.; t. 33, 1882, p. 512.
> Dijon, 2 avril 1884. et sur pourvoi, req. rej., 20 octobre 1885 (*la Nation* c. Chantôme). Dall. 86, 1, 129.
> Paris, 12 janvier 1887 (Villeneuve c. *la Nation*). G. du Pal., 87, 1, suppl. p. 117.

*
* *

Cession partielle *du portefeuille*

7. Le fait, par une compagnie d'assurances (*le Lloyd Belge*), d'avoir cédé à une autre (*la Réunion-incendie*), son portefeuille de France, ne délie pas les assurés cédés, du moment où la compagnie cédante maintient son siège social, en conserve le portefeuille (c'est-à-dire les affaires faites au dit siège social) et continue d'exécuter ses obligations envers ses assurés.

> Tr. com. Seine, 3 déc. 1878. (*le Lloyd belge* c. Hitier). B. de M., 3, 232.
> Même tr., 22 févr. 1870 (*le Lloyd belge* c. Michel), ibid., 234.

« Attendu, est-il dit dans le dernier jugement, qu'il n'est pas justifié que la compagnie demanderesse ait cessé d'exécuter le contrat intervenu entre elle et Michel ; — Qu'en s'entendant avec la compagnie *la Réunion*, pour la reprise et la continuation de ses affaires en France, *elle n'a pas par cela même mis fin à son existence* ; — Qu'en tous cas, elle se survit pour sa liquidation ; qu'il y a donc lieu de repousser le moyen de défense invoqué ; condamne Michel à payer sa prime à la Cie belge (1). »

---

(1) Cette situation ressemble beaucoup à celle de *la Centrale* (incendie) cédant à *la Réparation* son portefeuille de province et de l'étranger, tout en gardant son portefeuille de Paris et y conservant son siège social, situation qui a été diversement interprétée, mais qui va bientôt, nous l'avons dit, recevoir devant la Cour de cassation sa solution définitive.

*
* *

Sous-traité *de réassurance. Ses effets entre la compagnie cédante* (réassurée) *et l'arrière-cessionnaire* (sous-réassureur).

8. Lorsqu'un assureur a réassuré son portefeuille à une première compagnie et que celle-ci l'a réassuré à une seconde, si la compagnie *premier réassureur* est déclarée nulle, l'assureur peut s'adresser à la seconde compagnie réassurante pour lui demander des comptes de gestion. — Ce second réassureur, simple mandataire substitué, ne peut pas soutenir qu'il n'existe aucun lien de droit entre l'assureur et lui, parce que cet assureur aurait vendu purement et simplement son portefeuille au premier réassureur. — Paris, 14 mai 1887 (*Centrale* c. *Progrès national*).

*
* *

Effet de la cession à l'égard des **actionnaires** *de la compagnie cédante.*

9. Un traité de cession aux termes duquel la compagnie cédante s'engage à verser à la cessionnaire les réserves nécessaires aux contrats réassurés et toutes les primes a venir, s'oblige en outre à se substituer la compagnie cessionnaire pour toutes nouvelles assurances et promet à cet effet de se maintenir en état de société pendant un certain nombre d'années, — ce traité n'est pas autre chose qu'un mode de liquidation impliquant dissolution de la compagnie cédante avant le terme fixé aux statuts.

A ce titre, un tel traité doit pour être *valable* et *opposable à la masse des actionnaires* de la compagnie cédante, être voté par une assemblée représentant la moitié au moins du capital social (art. 31 de la loi du 24 juillet 1867).

Paris, 20 mai 1887 (Traité de l'*Alliance* avec l'*Ouest*), Conseiller des ass., n° 214.

*
* *

Effet de la résiliation prononcée, relativement aux **primes échues.**

10. La résiliation obtenue par l'assuré produit son effet du jour seulement de la demande en justice. Les primes échues sont dues jusque là à la compagnie.

Lyon, 29 déc. 1885 (*Europe* et *Renaissance* c. Ranc), Dall. 86, 2, 66.; Gaz. du P. 86, 1. suppl. p. 81.

11. Jugé, cependant, que la résiliation d'une police d'assurance doit remonter au jour où la compagnie a cessé de fonctionner et d'exister comme compagnie d'assurance(1).

> J. de paix de Dunkerque, 16 févr. 1887. Conseiller des ass., n° 204.

* *

Lettre recommandée. *Point de départ de la résiliation.*

12. La notification faite suivant lettre recommandée par l'assuré à l'assureur de sa volonté de résilier sa police, vaut pour fixer la date de la résiliation au jour de cette lettre.

> Tr. civ. Béziers, 24 fév. 1887. Conseiller des ass., n° 204.
> Tr. civ. Perpignan, 8 avr. 1887. Ibid., n° 217.
> J. de paix de Toulouse, 17 août 1887. ibid., n° 219.

* *

Clause de survivance *jusqu'à expiration des polices en cours.*

Pour faire échec à l'action en résiliation des assurés, les compagnies ont introduit dans les traités de réassurance ou de cession une clause stipulant que la *compagnie cédante, pour assurer l'exécution de ses polices, conservera son existence légale, au besoin, jusqu'à l'expiration de la dernière des polices en cours.*

13. Une pareille clause n'empêche pas l'assuré de faire résilier sa police, si l'ensemble du traité démontre que la compagnie cédante a perdu, en fait, son existence et supprimé les garanties statutaires.

> Tr. civ. Seine, 23 déc. 1880 (*la Patrie* c. Millet). B. de M. 3, 262.
> Tr. civ. Bourges, 16 juillet 1885 (*la Centrale* c. X). Conseiller des ass., n° 206.
> Comparez sur ce point : Tr. civ. de Bordeaux, 28 mai 1879 (*la Patrie* c. Miane). — Douai, 19 nov. 1879 (*la Patrie* c. Wartel). Sir, 82, 2, 1, et B. de M. 2,603. — Tr. civ. Toulouse, 7 avril 1880 (*la Patrie* c. dame Latour). B. M. 3, 256.

---

(1) Dans tous les cas, il est admis par tout le monde que la garantie de l'assureur cesse rétroactivement à dater du jour de la demande ; un sinistre éclatant pendant le procès, l'assuré ne serait pas couvert. Il faut donc, au moment d'agir en résiliation, s'assurer à une tierce compagnie, sans attendre le jugement.

*
* *

Fin de non-recevoir *tirée du* consentement *donné par l'assuré à la cession opérée.*

14. L'assuré n'est pas recevable à demander la résiliation de sa police, s'il a consenti en fait à la substitution du nouvel assureur à l'ancien.

Ce consentement n'est soumis à aucune forme spéciale : il peut être *tacite* et résulter des faits souverainement appréciés par le juge du fond (1).

> Cass., rej., 17 nov. 1886 (pourvoi contre arrêt de Pau du 2 juillet 1885). Conseiller des ass., n° 227.

15. Le consentement peut s'induire notamment de ce que l'assuré, après avoir reçu sans protestation une circulaire annonçant la substitution opérée, a payé la prime sur quittance délivrée au nom de la compagnie cessionnaire.

> Grenoble, 17 nov. 1880. Sir., 82, 2, 1.
> J. de paix, 2e arrond. Paris, 18 avr. 1884. Gaz. du P. 84, 1, 783.

16. Jugé, toutefois, que les mêmes faits (réception de circulaires et paiement de prime sans protestation) sont insuffisants à l'égard d'un assuré *illettré*.

> Tr. civ. Nyons, 4 déc. 1880 (*la Foncière* c. Travail). B. de M. 3,258.

17. Ainsi jugé, dans le cas où le paiement de la prime à la compagnie nouvelle a eu lieu *par erreur*.

> Tr. civ. Toulouse, 28 mai 1879 (*le Globe* c. Ducor). B. de M. 3,239.

*
* *

Traité caché, *non produit en justice.*

En cas de refus, de la part de la compagnie cédante ou réassurée, d'exhiber le traité de cession ou de réassurance, la jurisprudence, après quelques hésitations, décide que l'existence et le caractère du traité pourront être prouvés à l'aide des documents émanés de la compagnie. En d'autres termes, c'est à la compagnie à combattre, au moyen de la production du traité, les présomptions défavorables résultant des pièces du procès.

---

(1) Mais tant qu'aucun acte d'adhésion n'a été posé par l'assuré, il n'est pas douteux que l'assuré conserve sa liberté d'option : et la cession même notifiée à l'assuré ne peut l'obliger, *sans une acceptation formelle de sa part,* vis-à-vis de l'assureur substitué au premier.

Voici les dernières décisions sur ce point important :

18. Quand il est certain qu'une compagnie a cédé son portefeuille, a cessé son industrie, n'a plus d'agents spéciaux, et qu'elle refuse de produire le traité intervenu entre elle et la compagnie cessionnaire, elle peut, en l'absence de ce document, être déclarée non recevable à poursuivre le recouvrement de nouvelles primes contre ses anciens assurés.

> Tr. civ. Hâvre, 5 août 1887 (*Caisse méridionale* à *Renaissance*). Conseiller des ass., n° 219.
> Rouen, 31 déc. 1887 (*Caisse méridionale* c. Lecop).

19. Lorsque, en exécution d'un traité de réassurance de son portefeuille, une compagnie ne fait plus d'assurances, limite son existence fictive à l'expiration des polices anciennes, et qu'elle refuse de produire ledit traité en justice, c'est à bon droit qu'on le considère comme un véritable traité de cession, opérant novation et permettant aux assurés de demander la résiliation de leurs polices.

> Tr. civ. Ribérac, 13 janv. 1887 (*Lion* à *Phénix espagnol*). Cons. des ass., n° 203.
> Lyon, 9 fév. 1888 (*Lion* à *Phénix espagnol*).

20. A défaut de production du traité, les juges peuvent déduire des documents émanés de la compagnie cédante ou réassurée (circulaires, lettres, extraits de comptes rendus) la preuve que le traité constitue une cession emportant substitution du nouvel assureur à l'ancien.

> Rouen, 31 déc. 1887, sup. cit. (n° 18).
> Jge : Tr. civ. Auch, 3 déc. 1883. Conseill. des ass., n° 178. — Ribérac, 13 janv. 1887. Ibid., n° 203.— Cass. req. rej., 17 nov. 1886. Ibid., n° 227.

*
* *

Compétence *du juge de paix en matière de résiliation d'assurance.*

21. Le juge de paix saisi de la demande en paiement d'une prime d'assurance inférieure à 200 francs, ou de plusieurs primes dont le total n'excède pas ce chiffre, est compétent pour juger la question de résiliation du contrat d'assurance en vertu duquel la prime est réclamée, si cette question est soulevée par l'assuré défendeur comme simple *exception* ou *moyen de défense.*

Si, au contraire, la question de résiliation est soulevée à titre de *demande reconventionnelle*, le juge de paix est incompétent pour statuer sur la résiliation.

Il doit, alors, soit retenir le jugement de la cause princi-

pale (recouvrement des primes) s'il peut y être statué sépa-
rément de la demande reconventionnelle, soit renvoyer,
sur le tout, les parties à se pourvoir devant le tribunal
civil, si la liaison intime des deux demandes lui paraît exiger qu'il y soit statué par une seule décision.

Et comme il s'agit d'une incompétence *ratione materiæ*,
l'exception n'est pas couverte par des conclusions prises
sur le fond (1).

> Cass. 27 avril 1875. Dall. 75, 1,423.
> » 9 févr. 1880. Ibid. 81, 1,296.
> J. de paix Châlons-sur-Marne, 10 avr. 1888 (Sup. cit. n° 3).
> G. du Pal. 31 mai 1888.
> J. de paix, Lille *(canton sud-ouest)* aff. Cie *la Centrale* c. Bau-
> dument. G. du Pal. 7 juin 1888.

22. A cette doctrine, quelques tribunaux apportent un
tempérament : ils accordent compétence au juge de paix
même en cas de résiliation soulevée par voie de demande
reconventionnelle, si le total des primes réclamées joint au
total de celles à échoir jusqu'à l'expiration du contrat n'excède pas 200 francs. (Tr. civ. Bordeaux, 11 avr. 1853 ; —
J. de paix Sèvres, 24 oct. 1874 ; — Paris, 12 janv. 1887 ;
Gazette du Palais, 1887, 1, supp. 177).

> Sic, J. de paix Toulouse *(canton centre)*, 17 août 1887, Gaz.
> du Pal., 88, 1, 92.

*
* *

De l'étude qui précède, la conclusion est facile à déduire :
Imbus de l'idée fausse que toute cession ou réassurance
globale emporte résolution des polices et dégage les assurés, encouragés dans cette erreur par certains organes
de la presse qui savaient ne pas prêcher dans le désert, —
des agents d'assurance ne se sont fait aucun scrupule
d'accaparer les clients des compagnies réassurées.

Pour le grand nombre, un portefeuille cédé était un
portefeuille à prendre — ou plutôt à *reprendre*, pour em-
ployer le terme consacré.

On avait vu la « guerre des tarifs », d'où sortit la cession

---

(1) La distinction établie entre le simple moyen de défense et la demande
reconventionnelle, s'explique ainsi :

Le juge de paix n'ayant à apprécier que dans les *motifs* de sa sentence les
questions posées comme moyen de défense, cette question demeure entière
après la sentence et peut, dès lors, être encore soumise à la juridiction com-
pétente.

S'il s'agit, au contraire, de demande reconventionnelle, le juge de paix
devant statuer sur cette demande dans le *dispositif* de sa sentence, qui aura
force de chose jugée sur cette demande, il ne peut en garder la connaissance
qu'autant qu'elle rentre dans les limites de sa compétence.

de portefeuille sous ses formes diverses. La cession de portefeuille, à son tour, a allumé une autre guerre, la guerre des *reprises d'assurances*.

Il faut bien le dire, les fluctuations de la jurisprudence, à ses débuts, ont été pour beaucoup dans ce mouvement.

Puis l'arrêt d'Agen est venu, qui a jeté quelque trouble dans le camp des « résolutionnistes ».

Cet arrêt marquait la première étape vers la réaction en faveur du maintien des contrats.

Que dans quelques jours cette réaction se généralise; que les compagnies victimes de reprises opérées à leurs dépens entrent en lutte, et ravivant les contrats que l'on croyait éteints ramènent à elles les clients dispersés; — voilà, certes, une perspective inquiétante pour les chercheurs de reprises, et qui, dans tous les cas, doit les rendre plus circonspects à l'avenir.

Dans cet ordre d'idée, quel exemple plus frappant que celui de la Cie *la Centrale*.... Contre elle que n'a-t-on pas dit et écrit, pour lui prendre sa clientèle et consommer sa ruine ! — Avec quelle facilité surprenante des tribunaux ont ressuscité cette compagnie pour les règlements de sinistres, elle qui, la veille, était jugée morte pour l'encaissement des primes !

Elle n'a pas perdu courage; elle a résisté, ce qui est encore la meilleure façon de prouver que l'on vit. Et, dernièrement encore, un jugement du tribunal civil de Vienne condamnait un des clients de *la Centrale*, passé à la Cie *le Monde*, à exécuter son contrat avec *la Centrale* en lui payant quatre annuités de primes arriérées. (Trib. civ. de Vienne, 12 janv. 1888 — *la Centrale* c. Badin; — *Gaz. des assur.*, n° du 26 janvier) (1).

Donc, avant de proposer ou d'accepter la reprise d'une assurance après cession de portefeuille, l'agent (et j'en dis autant de l'assuré lui-même) devra sonder le terrain, examiner de près la cession intervenue, se faire (s'il le peut) juge

---

(1) « Attendu, en droit, que si bien *la Centrale* a cédé à la Cie *la Réparation* son portefeuille de province, elle n'a, en faisant cette cession, commis aucun acte interdit par la loi; — que l'existence légale de *la Centrale* n'a jamais cessé et que, depuis le 11 août 1882, date de la cession de son portefeuille à *la Réparation*, elle a continué à fonctionner à Paris, faisant face aux obligations qui lui incombaient et payant les sinistres de province survenus depuis cette époque; — que, ce point établi, il reste à rechercher, *ne fait*, si comme le soutient Badin, la compagnie a manqué aux engagements stipulés dans le contrat d'assurance... — qu'en supposant qu'il (*l'assuré*) ait pu se méprendre sur le sens de la réponse de la compagnie (*relativement à un avenant de changement de résidence de l'assuré*) il devait, sans attendre, chercher à régulariser sa situation, tandis qu'en l'état, il ne justifie d'aucune nouvelle démarche de sa part ni d'aucun acte d'offre. »

impartial de la situation créée par le traité à la compagnie cédante — et, cet examen fait, ne donner suite à la reprise que s'il est bien avéré que la compagnie cédante a disparu pour toujours avec ses garanties.

A. Chesneau

TABLEAU SYNOPTIQUE

des décisions pour *et* contre *le maintien des polices.*

JUSTICES DE PAIX

Maintien

— d'Orléans (8 juin 1882), *Patrie* c. Croneille.
— de Marseille (29 sept. 1883), *Centrale* c. Verdier.
— de Paris (25 janv. 1834), *Lion* c. François.
— de Nevers (2 févr. 1884), *Caisse méridionale* c. Delance.
— de Saint-Girons (30 janv. 1885), d° c. Ribet.
— d'Angers (26 juin 1885), *Monde* c. Parage.
— de Paris (9 oct. 1885), *Caisse générale* c. Morh.
— de Montluçon (11 janv. 1836), *Caisse méridionale* c. Mallet.
— de Castelnaudary (25 janv. 1886), d° c. Roussilhe.
— de Périgueux (26 janv. 1886), d° c. Périer.
— de Vienne, *canton sud* (17 déc. 1883), *Centrale* c. Champin.
— de Bordeaux, *2e canton* (19 avr. 1887), d° c. Charron. (1)
— d'Aurillac, *canton sud* (23 déc. 1837), *la Préservatrice* c. Tillit.
— de Châlons-sur-Marne (10 avril 1888), d° c. Vernier.
— de Lille (30 janv. 1888), confirment jugement de la justice de paix du *canton sud-est de cette ville* — aff. *la Centrale.*

Résiliation

— de Marseille (6 juill. 1886), *Caisse méridionale.*
— de Périgueux (21 sept. 1836), *Progrès national.*
— de Donjon (24 nov. 1886), *Progrès national.*
— de Dunkerque (février 1837), *Europe.*
— de Reims (29 mars 1887), *Midi.*
— de la Courtine (7 juin 1837), *Progrès national.*

(1) Il existe, de cette justice de paix, une série de décisions remarquables, ou est examinée à fond et développée avec une lucidité parfaite la doctrine avorable au maintien des contrats d'assurance.

— de Toulouse, *canton centre* (17 août 1887), *Renaissance*, c. Ramond.

— d'Avignon (3 sept. 1887), *Centrale*.

— de Reims (24 sept. 1887), *Nation* (nouvelle), c. Dugas.

— d'Aurillac, *canton sud* (23 déc. 1887), *Progrès national* c. Danguilhen.

TRIBUNAUX DE COMMERCE

Maintien

— de Toulouse (16 août 1882), Régnault et autres c. *Caisse méridionale*.

— de la Seine (17 oct. 1835), *Caisse générale* c. Gabriel.

— de Rouen (20 oct. 1835), *Centrale-vie* c. Bertin.

Résiliation

— de Saint-Etienne (25 juillet 1885), *le Lion*.

TRIBUNAUX CIVILS

Maintien

— de Bordeaux (28 mai 1879), *Patrie* c. Miane.

— de Toulouse (7 août 1882), d° c. Lacour.

— de Lille (31 déc. 1883), Martine c. *Caisse méridionale*.

— de la Seine (5 avr. 1884), *Caisse générale* c. Toutain.

— de Toulouse (4 juin 1884), *Caisse méridionale* c. Catala de Bruzaud.

— de Lyon (14 août 1885), d° c. Million.

— de Chaumont (1er déc. 1885), *Monde* c. Poissenot.

— d'Amiens (31 déc. 1885), *Lion* c. Savary.

— de Lyon (10 mars 1886), ville de Givors c. *Centrale*.

— de Lyon (10 mars 1886), *Centrale* c. Revenu et Risser.

— de Lyon (8 juin 1887), d° c. Dupinay.

— de la Flèche (25 juillet 1887), *Confiance* c. ville de Sablé.

— de Castelnaudary (5 août 1887), *Caisse méridionale* c. Milhau.

— de Bourgoin (6 août 1887), *Midi* c. Girard.

— de Vienne (12 janv. 1888), *Centrale* c. Badin.

— de Lille (14 mai 1888), *la Centrale* c. Baudument.

Résiliation

— de la Seine (23 déc. 1880), Millet c. *Patrie*.

— de Langres (26 juill. 1883), *Nation* c. Chantôme.

— d'Auch (3 déc. 1883), *Caisse méridionale*.
— de Bordeaux (2 juill. 1884), *Sauvegarde* c. Jabouin, de Mauvezin et consorts.
— de Saint-Gaudens (13 avril 1885), *Centrale* c. Viélajus.
— de Bourges (16 juill. 1885), *Centrale*.
— de Beaune (24 oct. 1885),   d°.
— de la Seine (15 déc. 1885), *Europe*.
— de Bordeaux (15 janv. 1886), *Centrale*.
— d'Agen (9 juill. 1886), *Midi*.
—   d°   (24 juill. 1886),   d°.
— de Bordeaux (3 août 1886), *Centrale* (2 jugements).
— de Tours (12 août 1886), *Centrale*.
— de Figeac (19 nov. 1886), *Caisse méridionale*.
— de Valence (6 déc. 1886), *Midi*.
— de Ribérac (13 janv. 1887), *Lion*.
— de Béziers (24 févr. 1887), *Progrès national*.
— de Saint-Brieuc (11 mai 1887),   d°.
— du Hâvre (5 août 1887), *Caisse méridionale*.
— de Perpignan (8 août 1887), *Midi*.
— de Bordeaux (30 nov. 1887), *Centrale*.
— de Rouen, (31 déc 1887).
— de Toulouse, (19 mars 1883), *Renaissance*.
— de Bruxelles, (27 juin 1888), Bierset c. *Patria-Belgica*.

COURS D'APPEL

Maintien

— de Douai (19 nov. 1879), *Patrie* c. Wartel.
— d'Agen (24 nov. 1885), *Midi* c. Lutzy.
— de Paris (14 mai 1887), *Centrale* c. *Progrès national*.
— de Grenoble (22 nov. 1887), *Midi* c. Boucheraud.

Résiliation

— de Toulouse (2 mai 1883), *Univers* c. Société industrielle du Sud-Ouest.
— de Dijon (2 avr. 1884), *Nation* c. Chantôme.
— de Bordeaux (3 mars 1885), *Sauvegarde* c. Jabouin, de Mauvezin et consorts.
— de Lyon (29 déc. 1885) *Europe*.
— de Bourges (30 mars 1886), Martin c. *Centrale*.
— de Bourges (7 août 1886), Bodin Payis c., *Centrale*.
— de Paris (12 janv. 1887), *Nation*.
— de Bordeaux (30 mars 1887), Lefébure c., *Centrale*.
— de Paris (27 avril 1887), *Centrale*.
—   d°   (20 mai 1887), *Alliance*.
— de Lyon (9 févr. 1888), *Lion*.

COUR DE CASSATION

Maintien

Ch. Req. (pourvoi admis), 17 avril 1888; — *la Centrale* c. Martin et Cie. (1)
    d°   c. Bodin Payis.
    d°   c. Dussumier-Latour.
    d°   c. Audy.

Résiliation

Ch. Req. (rejet.), 20 oct. 1885; — *Nation*, c. Chantôme.
    d°   (pourvoi admis), 22 avr. 1888; — Dupinay c. *Centrale*.

(1) Il va sans dire que cet arrêt d'admission (non plus que les suivants) ne tranche pas définitivement la difficulté. Mais les *considérants* en sont conçus dans un sens évidemment favorable à la thèse du maintien des polices. (Même observation, quant à la portée de l'arrêt d'admission du 22 avril 1888, cité sous la rubrique « *résiliation* ».

Lyon. — Imp. Générale VITTE et PERRUSSEL, rue Condé, 3o.